AF391232

EDICT DV ROY,

PORTANT CREATION

de trois Offices de Conseillers
de sa Maiesté, Intendans & Cô-
trolleurs Generaux des Messagers, Voicturiers & Roulliers
de France. *Arreſté 1634.*

*Verifié au Grand Conseil le dernier de
Septembre 1634.*

A PARIS,

Par P. METTAYER, & A. ESTIENE,
Imprimeurs ordinaires du Roy.

M. DCXXXIIII.

Auec Priuilege de sa Majesté.

(1)

LOVIS PAR LA GRACE DE DIEV ROY DE FRANCE ET DE NAVARRE. A tous presens, & à venir, Salut. Nous sçauons, & tous nos subjets ressentent les commoditez de l'establissement des Messagers, Voicturiers, & Roulliers en ce Royaume, pour porter toutes hardes, pacquets & marchandises, & conduire toutes sortes de personnes : mais la mauuaises intelligence qui a esté iusques à present entr'eux, & les Maistres des Postes ; Et le deffaut de superieur, qui ayant la disposition de ces charges nous peust respondre des manquemens, faire les Reglemens necessaires pour le bien public, & contenir les pourueus en leur deuoir, a donné su-

A ij

jet à diuerses entreprises , & à plusieurs abus , ausquels il est neantmoins facile de remedier en y establissant vn bon ordre & police , & des Officiers qui ayent sur les pourueus desdites charges , & sur les Commis qu'il est necessaire d'establir semblable pouuoir , qu'ont les Sur-intendans des Postes sur les Officiers qui en dependent. A CES CAVSES de l'aduis de nostre Conseil, où estoient les Princes de nostre sang, principaux Officiers de nestre Estat, & autres grands & notables personnages, & de nostre certaine sciéce, plaine puissance & authorité Royale, Nous auons par cestuy nostre Edict perpetuel & irreuocable, creé & erigé, creons & erigeons en tiltre d'Office formé hereditaire : Trois Offices de nos Conseillers, Intendans & Controolleurs generaux des Messagers, Voicturiers, & Roulliers de ce Royaume , auec pouuoir

& faculté de rembourſer tous les pourueus & acquereurs deſdites charges &
Offices de Meſſagers , Voicturiers, &
Roulliers, de la finance par eux payée en
nos coffres, frais & loyaux couſts, ſuy-
uant la liquidation qui en ſera faite par
les Commiſſaires que nous deputerons
à cét effect, lequel rembourſement nous
voulons tenir lieu de finance auſdits Offices d'Intendans & Controolleurs generaux auec les ſommes auſquels ils ſe-
ront taxez en noſtre Conſeil , pour apres
ledit rembourſement demeurer leſdites
charges de Meſſagers, Voicturiers , &
Roulliers iointes, vnies & incorporées
auſdits Offices d'Intendans & Controlleurs generaux par nous preſentement
créez : Comme dés à preſent noas les y
ioignons, vniſſons & incorporons , &
eſtre à l'aduenir exercées conioinctemét
ou ſeparement par perſonnes capables
ſur les Nominations deſdits Intendans

A iij

& Controolleurs generaux qui feront
par nous confirmées; fi mieux n'ayment
lefdits Intendans & Controolleurs generaux faire exercer lefdites charges par
des Commis qu'ils eftabliront ou les
fous affermer à telles perfonnes que bon
leur femblera à leur choix & option,
auec pouuoir aufdits Meffagers, Voicturiers, Roulliers & Commis, d'aller & venir aux iours qui leur feront ordonnez
par les Intendans & Controolleurs generaux, conduire ceux qui voudront
prendre cefte commodité, mefmes les
prifonniers; porter les procez priuatiue-
ment à tous autres, & pacquets, lettres
miffiues, or, argent, hardes, marchandi-
fes & autres chofes qui leur feront confi-
gnées, & tous les autres droicts, priuileges & fonctions attribuées aufdits Meffagers, Voicturiers & Roulliers fuiuant
les Edicts des annees mil cinq cens foi-
xante-treize, & cinq cens foixante & fei-

ze : Declarations & Arrests, tant de nostre Cour de Parlement interuenus en
consequence, & autres, dont ils iouyf-
sent à present : Et à ceste fin lesdits Intendans & Controolleurs Generaux establi-
ront des Bureaux pour lesdits Messagers,
Voicturiers & Roulliers, en toutes les
Villes, Bourgs & lieux de ce Royaume
qu'ils iugeront necessaire pour nostre ser-
uice & soulagement du public, sans
qu'autres que lesdits Intendans & Controolleurs Generaux puissent establir en
cettuy nostre Royaume des Messagers,
Voicturiers, Roulliers & Commis, sous
quelque pretexte & occasió que ce soit,
nonobstant tous dons, concessions &
Priuileges qui en pourroient auoir esté
accordez, lesquels nous auons reuoqué
& reuoquons par ces mesmes presentes,
A L'ECEPTION toutesfois des Offices
de Messagers ausquels l'Vniuersité de
Paris à droict de pouruoir, lesquels nous

voulons estre maintenus en leur nombre, fonction & priuileges, conformement à la Declaration du feu Roy Charles VIII. de bonne & heureuse memoire, du mois de Mars mil quatre tre cens quatre-vingts huict, Arrest de nostre Cour de Parlement de Paris du dixiesme Feurier mil six cens vint-neuf, portant Reglement de la fonction desdits Messagers, & Arrest de nostre Conseil confirmatif d'iceluy du vingt-septiéme Ianuier mil six cens trente trois. Et outre aux gages de quatre mil liures chacun par an, que nous auons attribuez & attribuons ausdits Offices d'Intendans & Controolleurs generaux desdits Messagers, à prendre sur les deniers de la Recepte generale de nos Finances de la Genelité de Paris, dont nous ferons laisser le fonds dans les Estats que nous en ferons dresser par chacun an en nostre Conseil, à commencer du premier iour de Iuillet

de la

de la presente année; Et aux honneurs, dignitez, prerogatiues, priuileges, preeminences, fonction, Iurisdiction sur lesdits Messagers, Voicturiers, Roulliers & Cómis establis & à establir, droict de nommer ausdites charges, & disposer d'icelles vacation en aduenant, mulcter & corriger, mesmes casser les pourueus, quand ils auront manquer en leur deuoir, & autres authoritez, telles & semblables que les Surintendans des Postes ont sur les Maistres des Postes & autres Officiers depédans de leurs charges. Et afin qu'à l'aduenir lesdites charges de Messagers, Voicturiers & Roulliers soient exercées, en sorte que nos subiets soient punctuellement seruis auec ordre & seureté, & qu'il ne soit par eux faites aucunes sur-taxe ny exaction: Lesdits Intendans & Controlleurs generaux feront tous les Reglemés & taxes qu'ils iugeront necessaire pour l'exercice & fonction desdites charges

Iugeront & termineront tous les diffe-
rends qui pourrót naiſtre entr'eux & autres Officiers dependans de leurs charges
pour raiſon d'icelles, & ſerót leurs Ordónances & Iugemens executez, nonobſtát
oppoſitions ou appellations quelcóques.
Et d'autant que iuſques à preſent leſdits
Meſſagers, n'ót exactement tenu regiſtre
des choſes qui leur ont eſté confiées dont
pluſieurs abus ſe ſont enſuiuis, Nous voulons & ordonnons qu'en chacun des Bureaux deſdits Meſſagers, Voicturiers &
Roulliers, il ſoit eſtably par commiſſion
ou nomination deſdits Intendans & Cótroolleurs generaux que nous confirme-
rós, comme dit eſt, des Commis pour tenir regiſtre & controolle des perſonnes,
pacquits, marchandiſes, hardes, or, argent,
procez, papiers, & autres choſes qui ſerót
conduites, portées & voicturées par leſdits Meſſagers, Voicturiers & Roulliers,
pou. y auoir recours quand beſoin ſera,

fans que pour ledit controolle & enregiftrement ils puiffent auoir autres , ny plus grand droicts que le parifis defdits ports de lettres & pacquets, lequel droict nous leur auós attribué & attribuons par ces prefentes, voulans qu'en cas d'exactió ou contrauention à nos Edicts, Declarations, Arrefts de noftre Conseil & Parlement, & aux Reglemens, Ordónances & Iugemens defdits Intendans & Cótroolleurs generaux , il foit par eux pourueu contre les delinquans ou contreuenans, felon qu'ils iugeront raifonnable, dont nous leur auons attribué & attribuons toute telle & femblable Iurifdiction qu'elle a efté attribuée,& appartiét aux Sur-Intendans des Poftes fur les Officiers dependans de leurs charges,comme dit eft, fans qu'autres Iuges en puiffent cognoiftre,ce que nous leur auons tres expreffement interdit & defendu , interdifons & deffendons, dont & de tout ce que deffus

B ij

lefdits Intendans & Controolleurs generaux ne feront refponfables qu'à nous
& à noftre Confeil, & fans qu'eux & lefdits Meffagers, Voicturiers & Roulliers
& Commis, foient tenus de faire enregi-
ftrer en nos Chambre des Comptes &
Bureaux de nos Finances, ny en aucunes
autres Iurifdictions leurs Lettres de prouifions , ny les pouuoirs qu'ils auront de
nofdits Intendans & Controolleurs generaux , foit pour la fonction defdites
charges, ou pour iouyr de l'efmolument
defdits ports de marchâdifes, hardes, pro-
ccz, pacquets & autres droicts y attribuez. Et d'autant que pour le bien de noftre feruice, il eft important que le rembourfement des pourueus & acquereurs
defdits Offices de Meffagers foit prom-
ptement fait , afin que lefdits Intendans
& Controolleurs generaux puiffent plus
facilement donner les ordres neceffaires
pour la fonction defdites charges , Nous

voulons que tous lefdits pourueus & acquereurs foient tenus de reprefenter dans
vn mois du iour du commandement qui
leur en fera fait à leur perfonnes ou do-
miciles du Bureau par eux eftablis par-
deuant les Commiffaires que nous deputerons à cét effect en noftre bonne ville
de Paris, les prouifions, contracts d'ac-
quifitions & quittances de finance, pour
eftre leurdite finance liquidée & eux ré-
bourfez fuiuant l'Ordonnance, qui en fera pource expediée par lefdits Commiffaires, en vertu defquelles lefdits pourueus & acquereurs feront tenus de rece-
uoir leurdit rembourfement, & à faute
de ce faire, & en confignant par lefdits
Intendans & Controlleurs Generaux és
mains du Receueur des Confignations
de noftre Confeil le prix de ladite liquidation, Nous voulons que lefdits Meffagers particuliers foient depoffedez defdits Offices, leur faifant en ce cas des à

present defenses de s'y entremettre à pei-
ne de mil liures d'amende, defpens , dõ-
mages & interefts; Et permis aufdits Intendans & Controlleurs Generaux d'y
commettre ou les faire exercer, comme
dit eft, aufquels trois Offices d'Intendans
& Controlleurs Generaux, Ancien, Al-
ternatif, & Triennal cy-deffus creez,fera
par nous dés à prefent pourueu de perfonnes de cõdition & fuffifance requife , qui
en iouyront hereditairemét, fans que par
leur deceds lefdits Offices puiffent eftre
declarez vaquans & impetrables, ains feront conferuez à leurs vefues, enfans &
heritiers , pour y eftre pourueu fur leur
demiffion ou nomination,fans payer au-
cun droict de refignation, & fans toutesfois qu'au moyen de ladite heredité, l'on
les puiffe pretédre fubjets à aucune reuen-
te ou rembourfement ny cenfez & repu-
tez Domaniaux.

Sɪ ᴅᴏɴɴᴏɴs ᴇɴ ᴍᴀɴᴅᴇᴍᴇɴᴛ à ɴᴏs ᴀᴍᴇᴢ

& feaux Conseillers, les gens de nostre
Grand Conseil, que nostre present Edict,
ils facent lire, publier, & regiftrer, & iceluy garder, obferuer & entretenir felon
fa forme & teneur, faifant iouyr les pourueus defdits Offices d'Intendans & Controlleurs Generaux des Meffageries & des
honneurs, dignitez, pouuoir, fonctions,
droicts & priuileges y attribuez, pleine-
ment, paifiblement & hereditairement
fans permettre qu'ils y foiét troublez fous
quelque pretexte & occafion que ce foit,
nonobftant oppofitions ou appellations
quelsconques, defquelles, fi aucunes in-
teruiennent, Nous nous referuons la co-
gnoiffance à noftre Confeil, & icelle interdifons à toutes nos Cours de Parlement &
autres Iuges : MANDONS en outre aux Pre-
fidens, Treforiers Generaux de France &
de nos Finances à Paris, que dans les eftats
de la valeur des finances pour ladite Generalité, qu'ils enuoyeront d'orefnauant par
chacun an en noftre Confeil, ils ayent à y
employer les quatre mil liures de gages
par chacun an par nous attribuez à chacun
defdits Offices, & de les paffer en la def-
penfe des eftats que les Receueurs Generaux de nos finances de ladite Generalité

verifieront par deuant eux, voulans qu'ils
soient passez & alloüez en la despense de
leurs comptes sans difficulté : CAR tel est
nostre plaisir, nonostant aussi tous autres
Edicts, Declarations, Arrests & autres
choses à ce contraires, y dérogeant pour ce
regard par sesdites presentes, ausquelles
afin que ce soit chose ferme & stable à tou-
siours, Nous auons fait mettre nostre seel,
sauf en autre chose nostre droict & l'au-
truy en toutes. DONNÉ à Chantilly au
mois d'Aoust, l'an de grace mil six cens
trente-quatre : Et de nostre regne le vingt-
cinquiesme. Signé, LOVIS. Et plus bas,
Par le Roy, DELOMENIE. Et seellé du
grand seau de cire verte.

Enregistrées és registres du grand Con-
seil du Roy, suyuant & aux charges por-
tées par l'Arrest donné en iceluy. A Paris
le dernier iour de Septembre mil six cens
trente quatre.
Signé,   COLLIER